Grundlagen des Ausdauertrainings. Erstellung eines Ausdauerplans (Meso- & Makrozyklus)

Sandro Weckenmann

Bibliografische Information der Deutschen Nationalbibliothek:

Die Deutsche Nationalbibliothek verzeichnet diese Publikation in der Deutschen Nationalbibliografie; detaillierte bibliografische Daten sind im Internet über http://dnb.d-nb.de abrufbar.

ISBN: 9783346458490
Dieses Buch ist auch als E-Book erhältlich.

Druck und Bindung: Books on Demand GmbH, Norderstedt Germany
Gedruckt auf säurefreiem Papier aus verantwortungsvollen Quellen

Das vorliegende Werk wurde sorgfältig erarbeitet. Dennoch übernehmen Autoren und Verlag für die Richtigkeit von Angaben, Hinweisen, Links und Ratschlägen sowie eventuelle Druckfehler keine Haftung.

Das Buch bei GRIN: https://www.grin.com/document/1040144

Deutsche Hochschule für

Prävention und Gesundheitsmanagement

Hermann Neuberger Sportschule 3

66123 Saarbrücken

Einsendeaufgabe

Fachmodul:	Trainingslehre 2
Studiengang:	Fitnessökonomie
Datum Präsenzphase:	29.06.2020 – 01.07.2020
Name, Vorname:	Weckenmann, Sandro
Studienort:	**Stuttgart**
Semester:	**Sommersemester 2019**

Inhaltsverzeichnis

1 Diagnose

1.1 Allgemeine und Biometrische Daten

Um einen individuell abgestimmten Ausdauertrainingsplan erstellen zu können, müssen zunächst biometrische Daten sowie der allgemeine und sportliche Gesundheitszustand unseres Kunden erhoben und ausgewertet werden.

Tabelle 1: Biometrische Daten

Alter	27 Jahre	Größe	1,76 m
Geschlecht	männlich	Gewicht	75 kg
Subjektives Stress-empfinden	Sehr hoch	Berufliche Tätigkeit	Informatiker
	Ist Zustand	**Auswertung**	
Blutdruck	125 / 89 mmHg (systolisch/ dias-tolisch)	optimal: < 120 / < 80 mmHg normal: < 130 / < 85 mmHg → hochnormal (vgl. Blutdruckklassifi-kation der American Heart Association (Modifiziert nach Mancia et al., 2013, S. 1286)	
Ruhepuls	63 Schläge / min	Normal: 60-80 Schläge / min (nach PD Dr. med. Richard Kobza, 2019)	
Body-Mass-Index	24,2 kg/m²	normal: 18,5-25 kg/m² (Tendenz steigend) (vgl. World Health Organiza-tion, 2000)	

Tabelle 2: Gesundheitlicher- und sportlicher Leistungszustand

Allgemeiner Gesundheitszustand	Der Kunde leidet an einer leichten Schilddrüsenunterfunktion, diese wird hormonell behandelt.
Trainingsmotive	Gewicht reduzieren, Blutdruck senken, Ausdauer verbessern, sich im eigenen Körper wieder wohl fühlen, Stressabbau
Sportliche Aktivität	Kurse: Spinning 1-2x / Woche Krafttraining 2x / Woche a 45 min Vor 4 Jahren 2x/ Woche a 20 min Joggen
Zur Verfügung stehender Rahmen:	
Trainingshäufigkeit	3x / Woche
Dauer Insgesamt pro Woche	2-3 Stunden

1.2 Leistungsdiagnostik/Ausdauertestung

Für den optimalen Trainingspuls unseres Kunden wird nun eine Ausdauertestung durchgeführt. Da unser Kunde jung, durchschnittlich gut trainiert und in der körperlichen Verfassung dafür ist, haben wir uns hier für den Hollmann-Venrath-Test entschieden. Testvoraussetzungen sind die Bereitstellung eines geeigneten Fahrradergometers, die Erfassung möglicher Kontraindikationen sowie die Berücksichtigung möglicher externer Beeinflussungsfaktoren wie Wetter/Klima, Raumtemperatur, psychische Verfassung/Emotionen und Medikation. Der Test wird im Optimalfall dann beendet, wenn die festgelegte Herzfrequenzobergrenze überschritten wird (die jeweilige Belastungsstufe wird dann noch zu Ende gefahren). Spezielle Abbruchkriterien wären muskuläre Erschöpfung, ein subjektives Schwächegefühl, Blässe oder Atemnot (Institut für Prävention und Nachsorge, Köln 2004). Die individuelle Zielherzfrequenz unseres Probanden beträgt 145 Schläge pro Minute. Da er drei Mal die Woche für 1-2 Stunden trainiert, wird ein Pulsaufschlag von 5 Schlägen pro Minute zur Zielherzfrequenz addiert (Kettenis & Eifler, 2015, S.67-68). Anschließend wurde der Hollmann-Venrath Test durchgeführt:

Tabelle 3: Voreinstufung nach Ruheherzfrequenz und Lebensalter

Alter/ Hf Ruhe	< 20	20-29	30-39	40-49	50-59	60-69	>70
50-59 S/min	145 S/min	140 S/min	135 S/min	125 S/min	120 S/min	115 S/min	110 S/min
60-69 S/min	145 S/min	145 S/min	135 S/min	130 S/min	125 S/min	120 S/min	115 S/min
70-79 S/min	150 S/min	145 S/min	140 S/min	135 S/min	130 S/min	125 S/min	120 S/min

Tabelle 4: Hollmann-Venrath-Test Durchführung

Hollmann-Venrath-Test				Submaximale Belastung		
Stufendauer	3 Minuten	Pulsobergrenze	150 S/min	Gewicht	75kg	
Eingangsbelastung	30 Watt	Belastungssteigerung	40 Watt	Trittfrequenz	60-80 U/min	
Eingangstest						
Zeit	Watt	Herzfrequenz 1	Herzfrequenz 2	Herzfrequenz 3		
0	30	80	83	83		
3	70	89	91	95		
6	110	106	110	125		
9	150	133	133	138		
12	190	141	148	148		
15	230	149	150	153		

Tabelle 5: relative Watt-Soll-Leistung (pro Kg) bei Männern (modifiziert nach IPN, 2004, S.8)

Faktor/ Alter	< 30	30-34	35-39	40-44	45-49	50-54	55-59	ab 60	Bewertung
0,62	2,40	2,28	2,16	2,04	1,92	1,80	1,68	1,56	Ø
0,63	2,60	2,47	2,34	2,21	2,08	1,95	1,82	1,69	+
0,64	2,80	2,66	2,52	2,38	2,24	2,10	1,96	1,82	+
0,65	3,00	2,85	2,70	2,55	2,40	2,25	2,10	1,95	+
0,66	3,20	3,04	2,88	2,72	2,56	2,40	2,24	2,08	+ +

Unser Kunde erreicht bei seinem Eingangstest mitten in der 6. Belastungsstufe (230 Watt) eine Herzfrequenz von 150 Schlägen pro Minute, überschreitet dann mit der letzten Minute der 6. Belastungsstufe die Herzfrequenz der Voreinstellung (150: Abbruch), wobei hier zum Ende der letzten Stufe eine Herzfrequenz von 153 Schlägen pro Minute gemessen wurde. Wertet man nun die Wattzahl aus (217), die erreicht wurde bei Erreichen unserer Zielherzfrequenz (150), und dividiert diese durch das Körpergewicht (75) erhalten wir eine relative Leistung von 2,89 Watt pro Kilogramm. Dieser Wert liegt auf der relativen Watt-Soll-Leistung (pro Kg) bei Männern im überdurchschnittlichen Bereich.

1.3 Gesundheits- und Leistungsstatus der Person

Unser Mitglied weist einen guten Gesundheitszustand vor, sein Ruhepuls sowie Body-Mass-Index liegen im Normbereich. Der systolische Blutdruck liegt ebenfalls in der Norm während lediglich der diastolische Blutdruck im hochnormalen Bereich liegt. Bis auf seine Schilddrüsenunterfunktion hat unser Proband keine anderen orthopädischen oder internistischen Beschwerden. Da seine Schilddrüsenunterfunktion hormonell behandelt wird, stellt sie uns vor keine weiteren Schwierigkeiten. Die Belastbarkeit kann im

6

Rahmen des Trainingsplans aus gesundheitlicher Sicht uneingeschränkt gesteuert werden. Hinsichtlich des Leistungszustandes wird unsere Testperson als fortgeschritten eingestuft, da er durch die Spinning-Kurse sowie das Krafttraining eine erhöhte Koordination und Erfahrung besitzt. Obwohl unser Kunde in einem guten Gesundheitszustand ist und ein wenig Erfahrung im Ausdauertraining aufweist, ist es sinnvoll die Belastung und Intensität anfangs geringer anzusetzen und in regelmäßigen Abständen zu steigern. So werden die Erfolge in den Re-Tests deutlich sichtbar und unser Kunde bleibt stetig motiviert.

2 Zielsetzung/Prognose

Tabelle 6: Zielsetzung

Ziel	Ausmaß	Zeit
Gewichtsreduktion	3 kg	10 Wochen
Senkung des Blutdrucks (in der Diastole)	5-8 mmHg (diastolisch)	12 Wochen
Senkung Pulsfrequenz	10 Schläge/min	12 Wochen

Bei der Zielsetzung wurden die Wünsche und Bedürfnisse unseres Mitglieds berücksichtigt. Das Ziel der Gewichtsreduktion von drei Kilogramm innerhalb von 10 Wochen wurde festgelegt, da er sich in seinem Körper wieder wohl fühlen möchte. Zudem möchte der Kunde seinen Gesundheitszustand weiter verbessern und erhalten, weshalb das Ziel der Senkung des Blutdrucks um 5-8mmHg diastolisch und die Senkung der Pulsfrequenz innerhalb von 12 Wochen formuliert wurde.

3 Trainingsplanung Mesozyklus

In erster Linie fokussieren wir uns auf die Wünsche der Gewichtsabnahme, der Senkung des diastolischen Blutdrucks sowie der Senkung der Pulsfrequenz. Um diese Trainingsziele umzusetzen, muss zunächst seine Grundlagenausdauer verbessert und später im Mesozyklus darauf aufgebaut werden.

3.1 Grobplanung Mesozyklus

Tabelle 7: Grobplanung Mesozyklus

Mesozyklus	
Dauer	6 Wochen
Trainingsziel	(Aufbau der Grundlagenausdauer) Gewicht abnehmen Blutdruck senken Pulsfrequenz senken
Belastungsumfang pro Woche	Bis zu 3 Stunden
Trainingsmethode	Extensive Dauermethode (Grundlagenausdauer 1 + Regenerations- und Kompensationstraining) Variable Dauermethode (Grundlagenausdauer 2)
Trainingsintensität	45-60 % HF Reserve (extensive Dauermethode) 45-80% HF Reserve (variable Dauermethode)
Trainingshäufigkeit pro Woche	3 Mal
Dauer pro Trainingseinheit	30-70 Minuten (extensiv) 40-50 Minuten (variabel)
Trainingsgeräte	Crosstrainer, Laufband

3.2 Detailplanung Mesozyklus

Vorab wird nun die individuelle Puls Ober – und Untergrenze festgelegt. Dies geschieht mit Hilfe der Karvonen Formel (ACSM, 2006; S.342):

$$\text{Trainingsherzfrequenz} = [\text{Hf (Maximal)} - \text{Hf (Ruhe)}] \times \text{Intensität in \%} + \text{Hf Ruhe}$$

Tabelle 8:Detailplanung Mesozyklus Woche 1 und 2

Woche 1	Dienstag	Don-nerstag	Samstag	Woche 2	Dienstag	Don-nerstag	Samstag
Trai-nings-ziel	GA 1/2 Gewichts-verlust	REKOM Regene-ration	GA 1 Aufbau Grundla-genaus-dauer	Trai-nings-ziel	GA 1/2 Ge-wichtsverlust	REKOM Regene-ration	GA 1 Aufbau Grundla-genaus-dauer
Trai-nings-methode	Variable DM	Exten-sive DM	Extensive DM	Trai-nings-methode	Variable DM	Exten-sive DM	Extensive DM
Trai-ningsin-tensität	Extensiv: 45-55% HF Re-serve Intensiv: 65-75% HF Re-serve	45-55% Hf Re-serve	50-60% Hf Re-serve	Trai-ningsin-tensität	Extensiv: 45-55% Hf Re-serve Intensiv: 65-75% Hf Re-serve	45-55% Hf Re-serve	50-60% Hf Re-serve
Trai-nings-herzfre-quenz	Extensiv: 122-135 S/Min Intensiv: 148-161 S/Min	122-135 S/Min	128-141 S/Min	Trai-nings-herzfre-quenz	Extensiv: 122-135 S/Min Intensiv: 148-161 S/Min	122-135 S/Min	128-141 S/Min
Trai-nings-dauer	Insgesamt	30 Min	60 Min	Trai-nings-dauer	Insgesamt 20 Minuten ex-tensiv	30 Min	60 Min

	20 Minuten extensiv 20 Min intensiv				20 Minuten intensiv		
Trainingsgeräte	Walken auf Laufband	Crosstrainer	Crosstrainer	Trainingsgeräte	Walken auf Laufband	Crosstrainer	Crosstrainer

Tabelle 9: Detailplanung Mesozyklus Woche 3 und 4

Woche 3	Dienstag	Donnerstag	Samstag	Woche 4	Dienstag	Donnerstag	Samstag
Trainingsziel	GA 1/2 Gewichtsverlust	REKOM Regeneration	GA 1 Aufbau Grundlagenausdauer	Trainingsziel	GA 1/2 Gewichtsverlust	REKOM Regeneration	GA 1 Aufbau Grundlagenausdauer
Trainingsmethode	Variable DM	Extensive DM	Extensive DM	Trainingsmethode	Variable DM	Extensive DM	Extensive DM
Trainingsintensität	Extensiv: 45-55% HF Reserve Intensiv: 65-75% HF Reserve	45-55% Hf Reserve	50-60% Hf Reserve	Trainingsintensität	Extensiv: 45-55% Hf Reserve Intensiv: 65-75% Hf Reserve	45-55% Hf Reserve	50-60% Hf Reserve
Trainingsherzfrequenz	Extensiv: 122-135 S/Min Intensiv: 148-161 S/Min	122-135 S/Min	128-141 S/Min	Trainingsherzfrequenz	Extensiv: 122-135 S/Min Intensiv: 148-161 S/Min	122-135 S/Min	128-141 S/Min

Trainings-dauer	Insgesamt 25 Minuten extensiv 25 Min intensiv	30 Min	70 Min	Trainings-dauer	Insgesamt 25 Minuten extensiv 25 Minuten intensiv	30 Min	70 Min
Trainingsge-räte	Walken auf Laufband	Cross-trainer	Crosstrainer	Trainingsge-räte	Walken auf Laufband	Cross-trainer	Crosstrainer

Tabelle 10: Detailplanung Mesozyklus Woche 5 und 6

Woche 5	Dienstag	Donnerstag	Samstag	Woche 6	Dienstag	Donnerstag	Samstag
Trainings-ziel	GA 1/2 Gewichtsverlust	REKOM Regeneration	GA 1 Aufbau Grundlagenausdauer	Trainings-ziel	GA 1/2 Gewichtsverlust	REKOM Regeneration	GA 1 Aufbau Grundlagenausdauer
Trainings-methode	Variable DM	Extensive DM	Extensive DM	Trainings-methode	Variable DM	Extensive DM	Extensive DM
Trainingsin-tensität	Extensiv: 45-55% HF Reserve Intensiv: 70-80% HF Reserve	45-55% Hf Reserve	55-65% Hf Reserve	Trainingsin-tensität	Extensiv: 45-55% Hf Reserve Intensiv: 70-80% Hf Reserve	45-55% Hf Reserve	55-65% Hf Reserve
Trainings-herzfrequenz	Extensiv: 122-135 S/Min	122-135 S/Min	135-148 S/Min	Trainings-herzfrequenz	Extensiv: 122-135 S/Min	122-135 S/Min	135-148 S/Min

11

	Intensiv: 154-167 S/Min				Intensiv: 154-167 S/Min		
Trainingsdauer	Insgesamt 25 Minuten extensiv 25 Min intensiv	30 Min	70 Min	Trainingsdauer	Insgesamt 25 Minuten extensiv 25 Minuten intensiv	30 Min	70 Min
Trainingsgeräte	Walken auf Laufband	Crosstrainer	Crosstrainer	Trainingsgeräte	Walken auf Laufband	Crosstrainer	Crosstrainer

3.3 Begründung zum Mesozyklus

In diesem Mesozyklus wurde bewusst ein 3er Split, also drei Trainingseinheiten pro Woche gewählt. Da das Ziel des Kunden die Gewichtsreduktion, sowie die Blutdruck- und Pulsfrequenzsenkung war, bedarf es hier, aufgrund der Superkompensation, einer Kontinuierlichkeit des Trainings. Die Trainingseinheiten basieren auf der vom Probanden angegebenen Zeitvorgabe. Unser Mesozyklus ist nach dem Prinzip der progressiven Belastungssteigerung aufgebaut. Es wird zuerst der Trainingsumfang und danach erst die Intensität gesteigert (Eisenhut A., Zintl F. (2009). Ausdauertraining.S.18. München: blv.). An Tagen des Regenerationstrainings bleiben Belastungsintensität sowie Dauer stetig gleich, da diese Trainingstage ausschließlich für die Regeneration sowie die Erholung gelten und somit keine Verbesserung der Ausdauer erreicht werden möchte. Unser Kunde erreicht ein Zeitpensum von 130- in den ersten zwei Trainingswochen bis 150 Minuten in den letzten zwei Trainingswochen. Damit befinden wir uns optimal im zeitlich verfügbaren Rahmen.

Unser Mesozyklus beginnt dienstags mit der variablen Dauermethode. Wichtig hierbei ist die Änderung der Belastungsintensität zwischen niedrig und hoch. Das Laufband ist für diesen Vorgang optimal geeignet, da die Neigung geändert werden kann. Wichtig dabei ist die stetige Überprüfung der Trainingsherzfrequenz mithilfe einer genauen Pulsuhr oder ähnlichem. Die variable Dauermethode dient der Vorbereitung auf das im späteren

Zeitlauf kommende Intervalltraining, sowie die intensive Dauermethode, da beide Trainingsmethoden sich zur Fettverbrennung eignen. Ein weiterer Grund für die variable Dauermethode ist die Stabilisierung und Entwicklung der Grundlagenausdauer, welche für den Anfang im Vordergrund steht. Donnerstags sowie samstags wird mit der extensiven Dauermethode trainiert. Donnerstags dient diese Methode ausschließlich zur Regeneration und zum Stressabbau, weshalb dort mit einer niedrigen Intensität zwischen 45-55% Hf-Reserve trainiert wird. Samstags wird die Weiterentwicklung der vorgesehenen Grundlagenausdauer fokussiert, deshalb wird dort mit einer Intensität zwischen 50-65% Hf-Reserve trainiert. Beide Tage (Donnerstag, Samstag) unterscheiden sich durch die verschiedenen Ziele auch in der Dauer der Trainingseinheiten. Die extensive Dauermethode ist außerdem förderlich bei der Behandlung arterieller Hypertonie. Unterschiedliche Studien zeigen auf, dass eine Reduktion des Blutdrucks unmittelbar nach dem aeroben Training um ca. 5 mmHg möglich war (Muster & Zielinski, 2006, S.66).

Die drei angesteuerten Trainingsmethoden in unserem Mesozyklus sind das REKOM-Training sowie die extensive- und die variable Dauermethode. Das REKOM-Training zeichnet sich wie oben schon erwähnt durch die niedrige Intensität zwischen 50 und 60% der maximalen Herzfrequenz aus (Hottenrott, 2006) und ist damit optimal für ein stressfreies Regenerationstraining. Die extensive Dauermethode wird gemäß Neumann et al. (2007) und Hottenrott (2006) für den Aufbau und die Stabilisierung der Grundlagenausdauer 1. Ebenso ist diese Dauermethode für die Verbesserung des Blutdrucks und des Ruhepuls nötig. (Scheidt, P., 2013). Die Intensität für dieses Training liegt bei 60 bis 75% der maximalen Herzfrequenz. Für das Grundlagenausdauertraining 2 fokussiert man sich auf die variable Dauermethode. Die Intensität liegt zwischen 75- und 90% der maximalen Herzfrequenz und befindet sich im zeitlichen Rahmen von 20-60 Minuten (Hottenrott, 1997). Laut Hottenrott (2006) und Neumann et al. (2007, S. 141) ist das Training in Grundlagenausdauer 2 zur Stabilisierung und Weiterentwicklung der Grundlagenausdauer.

Die Trainingsgeräte wurden auf Wunsch unseres Kunden festgelegt. Da seine Motivation so hoch wie möglich bleiben soll, fokussieren wir uns auf die Geräte, die ihm am meisten Spaß machen. Da er sehr gerne auf dem Laufband und dem Crosstrainer unterwegs ist, haben wir uns für diese Geräte entschieden. Ein weiteres Kriterium, das wir beachten ist die Reduzierung des Körpergewichts. Mit dem Crosstrainer und dem Laufband machen wir alles richtig, da der ganze Körper dynamisch beansprucht wird. Somit benötigen wir mehr Muskulatur, was auch die Kalorienverbrennung erhöht.

4   Literaturrecherche

Tabelle 11: Literaturrecherche Studie 1: The Effect on Glycaemic Control of Low-Volume High-Intensity Interval Training Ver-sus Endurance Training in Individuals with Type 2 Diabetes

Wer hat die Studie durchgeführt?	Kamilla M Winding, Gregers W Munch, Ulrik W Iepsen, Gerrit Van Hall, Bente K Pederse, Stefan P Mortensen
Publikationsjahr	2018
Welche Forschungsfrage wurde untersucht?	Es wurde bewertet, ob hochintensives Intervalltraining (HIIT) mit geringerem Zeitaufwand genauso effektiv sein kann wie Ausdauertraining (END) in Bezug auf Blutzuckerkontrolle, körperliche Fitness und Körperzusammensetzung bei Personen mit Typ-2-Diabetes.
Wie sah der Versuchsaufbau der Studien aus?	Insgesamt 29 Personen mit Diabetes Mellitus Typ-2 wurden in Gruppen eingeteilt (Ausdauertraining (END), HIIT Training (HIIT) und ohne Training (CON)). Die Trainingsgruppen erhielten 3 Trainingseinheiten pro Woche, die entweder aus 40 Minuten Radfahren bei 50% der Spitzenarbeitsbelastung (AUSDAUER) oder 10 1-Minuten-Intervallen bei 95% der Spitzenarbeitsbelastung, unterbrochen von 1 Minute aktiver Erholung (HIIT), bestanden. Dabei wurden die Blutzuckerkontrolle, Lipolyse, VO2-Spitzenwert und Körperzusammensetzung vor und nach 11 Wochen Training bewertet.
Welche relevanten Ergebnisse und Schlussfolgerungen lieferten die Studien?	Das Training erhöhte den VO2-Spitzenwert in der HIIT-Gruppe (20% ± 20%) stärker als in der END-Gruppe (8% ± 9%), obwohl der Gesamtenergieverbrauch und der Zeitverbrauch während der Trainingseinheiten geringer waren. Trotz eines ~45% geringeren Trainingsvolumens führte HIIT im Vergleich zur END zu ähnlichen oder sogar besseren Verbesserungen der körperlichen Fitness, der Körperzusammensetzung und der glykämischen Kontrolle. Die HIIT scheint daher eine wichtige zeiteffiziente Behandlung für Personen mit Typ-2-Diabetes zu sein.

Tabelle 12: Literaturrecherche Studie 2: Effect of Long-Term Endurance and Strength Training on Metabolic Control and Arterial Elasticity in Patients with Type 2 Diabetes Mellitus

Wer hat die Studie durch-geführt?	Antti Loimaala, Kaj Groundstroem, Marjo Rinne, Arja Neno-nen, Heini Huhtala, Jari Parkkari, Ilkka Vuori
Publikationsjahr	2008
Welche Forschungsfrage wurde untersucht?	Welche Wirkung hat Wirkung langfristiges Ausdauer- und Krafttrainings auf die Stoffwechselkontrolle und die arterielle Elastizität bei Patienten mit Diabetes mellitus Typ 2?
Wie sah der Versuchs-aufbau der Studien aus?	Fünfzig Männer mit Diabetes Mellitus (Alter 52,3 +/- 5,6 Jahre) wurden nach dem Zufallsprinzip für 24 Monate dem Bewegungstraining (E) oder der Standardbehandlung für Diabetes Mellitus (Kontrollgruppe [C]) zugeordnet. Das beaufsichtigte Bewegungstraining umfasste sowohl Ausdauer- als auch Muskelkrafttraining 4 Mal pro Woche. Alle Trainingseinheiten wurden durch Herzfrequenz und Intensität kontrolliert. Glykiertes Hämoglobin A1c, Insulin, Leptin, Blutfette, Blutdruck, maximaler Sauerstoffverbrauch in der Spiroergometrie und Muskelkraft wurden alle 6 Monate gemessen. Die arterielle Steifheit wurde durch Messung der Pulswellengeschwindigkeit beurteilt
Welche relevanten Ergebnisse und Schlussfolgerungen lieferten die Studien?	Maximaler Sauerstoffverbrauch in der Spiroergometrie, Muskelkraft, Hämoglobin A1c, Blutfette, Blutdruck und Leptin verbesserten sich signifikant in der E-Gruppe, aber keine Veränderung oder Verschlechterung dieser Variablen trat in der C-Gruppe auf. Das Körpergewicht unterschied sich nach 2 Jahren nicht zwischen den Gruppen. Die Pulswellengeschwindigkeit stieg jedoch in beiden Gruppen an. Zusammenfassend lässt sich sagen, dass ein langfristiges Ausdauer- und Krafttraining wirksam war und im Vergleich zur Standardbehandlung zu einer verbesserten metabolischen Kontrolle der Diabetes Mellitus führte. Trotz signifikanter Reduktion des kardiovaskulären Risikos verbesserte sich die Elastizität der Conduit-Arterien nicht.

5   Literaturverzeichnis

American College of Sports Medicine. (2006a). ACSM´s Guidelines for Exercise Testing and Prescription. ACSM´s Guidelines for Exercise Testing and Prescription (7. Aufl.) Philadelphia: Williams & Wilkins

American Heart Association: Blood Pressure Categories, Zugriff am 14.07.2020, Verfügbar unter: https://www.heart.org/-/media/files/health-topics/high-blood-pressure/hbp-rainbow-chart-english-pdf-ucm_499220.pdf

Antti Loimaala, Kaj Groundstroem, Marjo Rinne, Arja Nenonen, Heini Huhtala, Jari Parkkari, Ilkka Vuori (2008). Effect of Long-Term Endurance and Strength Training on Metabolic Control and Arterial Elasticity in Patients with Type 2 Diabetes Mellitus. Zugriff am 14.07.2020, verfügbar unter: https://pubmed.ncbi.nlm.nih.gov/19327425/

M. Chatterjee, G. Schmeißer (2017). Aktualisierter Leitfaden für die Ergometrie im Rahmen arbeitsmedizinischer Untersuchungen. Zugriff am 14.07.2020, verfügbar unter: https://www.asu-arbeitsmedizin.com/leitfaden-fuer-die-ergometrie-im-rahmen-arbeitsmedizinischer-untersuchungen/zur-diskussion-gestellt

Hollmann W, Hettinger TH: Sportmedizin. 4. Aufl. Stuttgart: Schattauer, 2000

Hottenrott, K. (1997). Ausdauertraining. Intelligent effektiv erfolgreich (4.Aufl.) Lüneburg: Wehdemeier & Pusch.

Hottenrott, K. (2006). Trainingskontrolle mit Herzfrequenz-Messgeräte (1. Aufl). Aachen: Meyer & Meyer

IPN. (2004) IPN Test- Ausdauertest für den Fitness- und Gesundheitssport. Köln: IPN

Kamilla M. Winding, Gregers W. Munch, Ulrik W. Iepsen, Gerrit Van Hall, Bente K. Pederse, Stefan P. Mortensen. (2018). The Effect on Glycaemic Control of Low-Volume High-Intensity Interval Training Versus Endurance Training in Individuals with Type 2 Diabetes. Zugriff am 14.07.2020, verfügbar unter: https://pubmed.ncbi.nlm.nih.gov/29272072/

Kettenis, L., & Eifler, C. (2015). Studienbrief Trainingslehre 2 – Gesundheitsorientiertes Ausdauertraining. Saarbrücken: Deutsche Hochschule für Prävention und Gesundheits-management

PD Dr. med. Richard Kobza, (2019). Luzerner Kantonsspital, Zugriff am 14.07.2020, verfügbar unter: https://www.luks.ch/ihr-luks/ist-ein-ruhepuls-von-90-schlaegen-pro-minute-normal

Muster, M. & Zielinski, R. (2006). Bewegung und Gesundheit. Gesicherte Effekte von körperlichen Aktivitäten und Ausdauertraining. Darmstadt: Steinkopff

Neumann, G., Pfützner, A. & Berbalk, A. (2007). Optimiertes Ausdauertraining (5., überarb. Aufl.) Aachen: Meyer & Meyer

Trunz, E.: Der IPN-Ausdauertest nach Lagerstrøm – eine zusammenfassende Darstellung als Anleitung für den Praxiseinsatz. Trainer (1997), 5, 22-27.

Trunz, E., D. Lagerstrøm, H. Giesen, S. Ochs: Der IPN-Test Teil 2. Bodylife (2000), 3, 54-59.

Trunz, E., H. Giesen, S. Ochs: Der IPN-Test Teil 1. Bodylife (1999), 12, 60-64.

Weineck A., Weineck J. (2005). Leistungskurs Sport. Waldkirchen:Südost Verlag.

Weineck, J. (2003). Ausdauertraining. Trainingssteuerung über die Herzfrequenz- und Milchsäurebestimmung. Balingen: Spitta

Zintl, F. & Eisenhut, A. (2001). Ausdauertraining. Grundlagen Methoden Trainingssteuerung (5.überarb. Aufl.) München: BLV.

6 Tabellenverzeichnis